1922

CONCERT

DE LA SOCIÉTÉ

DES ENFANS D'APOLLON.

Du Jeudi 24 Mai 1787.

PREMIERE PARTIE.

Une Symphonie de M. *Guénin.*

Une Scene de M. *de Vienne*, chantée par M. *Chenard.*

Un Concerto de Violoncelle de M. *Duport*, exécuté par M. *Le Vaſſeur.*

Une Scene de M. *Deshayes*, chantée par Mademoiselle *Vaillant.*

SECONDE PARTIE.

Une Symphonie concertante de M. *de Vienne*, pour une Flûte, une Clarinette, un Basson, exécutée par MM. *Hugo*, *de Vienne* & *Lefebvre.*

Une Scene de M. *le Berton*, chantée par Mademoiselle *Maillard*, de l'Académie Royale de Musique.

Un Concerto de Violon de M. *Bertheaume.*

Finale de M. *Mehul*, avec des Chœurs, dans laquelle chanteront Mademoiselle *Maillard*, MM. *Chenard* & *Guichard.*

SCENE

PAROLES DE VOLTAIRE.

Musique de M. DE VIENNE, Membre de la Société.

RÉCITATIF.

Du plus grand des Romains voilà ce qui vous reste ;
Voilà ce Dieu vengeur idolâtré par vous,
Que ses assassins même adoroient à genoux ;
Qui toujours votre appui dans la paix, dans la guerre,
Une heure auparavant faisoit trembler la terre ;
Qui devoit enchaîner Babylone à son char :
Amis, en cet état connoissez-vous César ?
Vous le voyez, Romains, vous touchez ces blessures,
Ce sang qu'ont sous vos yeux versé des mains parjures.
Là, Cimber l'a frappé ; là, sur le grand Céfar
Cassius et Decime enfonçoient leur poignard :
Là, Brutus éperdu, Brutus, l'ame égarée,
A souillé dans ses flancs sa main dénaturée.

CAVATINE.

César le regardant d'un air tranquille et doux,
Lui pardonnoit encor en tombant sous ses coups.
Il l'appelloit son fils, et ce nom cher et tendre
Est le seul qu'en mourant, César ait fait entendre :

A I R.

Dieux ! son sang coule encore, Il demande vengeance ;
Il l'attend de vos mains et de votre vaillance.
Entendez-vous sa voix? Réveillez-vous, Romains ;
Marchez, suivez-moi contre ses assassins.
Ce sont-là les honneurs qu'à César on doit rendre.
Des brandons du bûcher qui va le mettre en cendre
Embrasons les palais de ces fiers Conjurés ;
Enfonçons dans leur sein nos bras désespérés :
Venez, dignes amis, venez, vengeurs des crimes,
Au Dieu de la patrie immoler ces victimes.

CANTATE
DE DIANE.

De J. B. Rousseau. Musique de M. Deshayes,
Membre de la Société.

RÉCITATIF.

A peine le soleil, au fond des antres sombres,
Avoit du haut des cieux précipité les ombres,
Quand la chaste Diane, au travers des forêts,
    Apperçut un lieu solitaire,
Où le fils de Vénus et les Dieux de Cythere
    Dormoient sous un ombrage frais.
Surprise... elle s'arrête, et sa prompte colere
S'exhale en ce discours, qu'elle adresse tout bas
A ces Dieux endormis, qui ne l'entendent pas.

CAVATINE.

Vous, par qui tant de misérables
Gémissent sous d'indignes fers !
Dormez, Amours inexorables,
Laissez respirer l'univers.

Profitons de la nuit profonde
Dont le sommeil couvre les yeux ;
Assurons le repos au monde
En brisant leurs traits odieux.

Vous, par qui, &c.

A 3

RÉCITATIF.

A ces mots, elle approche, et ses Nymphes timides
Portant sans bruit leurs pas vers ces Dieux homicides,
D'une tremblante main saisissent leurs carquois,
Et bientôt du débris de leurs flèches perfides
Sement les plaines et les bois.
Tous les Dieux des forêts, des fleuves, des montagnes,
Viennent féliciter leurs heureuses compagnes,
Et de leurs ennemis bravant les vains efforts,
Expriment ainsi leurs transports :

ARIETTE.

Quel bonheur ! quelle victoire !
Quel triomphe ! quelle gloire !
Les Amours sont désarmés.
Jeunes cœurs, rompez vos chaînes :
Cessons de craindre les peines
Dont nous étions alarmés.

ANNE DE BOULEN

A HENRI VIII,

ROI D'ANGLETERRE.

HÉROÏDE.

Par M. MOLINE; Musique de M. BERTON:
Tous deux de la *Société*.

Chantée par Mlle. MAILLARD, de l'Académie Royale
de Musique.

RÉCITATIF.

QUEL spectacle effrayant vient troubler mon réveil !...
Grands Dieux ! je frémis... je chancelle...
Je vois de mon trépas le lugubre appareil...
Mon époux me rend criminelle ;
Et mon arrêt est prononcé...
J'ai lu l'écrit fatal que sa main a tracé...

AIR.

Eh bien, cruel Henri ! viens consommer ton crime ;
Viens toi-même en ces lieux immoler ta victime !
Tu voiles tes noirceurs d'un prétexte odieux ;
Mais ne te flattes point d'en imposer aux Dieux.

Oui , oui , satisfais ta vengeance ,
Comble tes indignes forfaits ;
Ma vertu rougiroit d'implorer ta clémence :
J'ai perdu ton amour , je mourrai sans regrets.
O toi , qui me ravis ma couronne et ma gloire ,
Triomphe , orgueilleuse Seymour ! *
Dans les bras de Henri , jouïs de ta victoire ;
Mais crains les revers de l'amour !
Qu'esperes-tu d'un cœur où regnent tant de vices ?....
Tu reçois par ma mort un gage de sa foi :
Au faîte des grandeurs redoute ses caprices ;
Et tremble d'être un jour plus à plaindre que moi.

* Seconde femme de Henri VIII.

FINALE.

INVOCATION A APOLLON.

Paroles, de M. Léonard; Musique de M. Mehul;
Tous deux Membres de la Société.

RÉCITATIF.

UN CORYPHÉE.

Quel tumulte! quel bruit! quels lugubres accens
Sortent des forêts ébranlées!
Où vont ces Nmphes désolées?
Allons-nous voir encor les frimats renaissans?

AIR.

Soleil! qu'as-tu fait de ta gloire?
A tes fiers ennemis arrache la victoire!
Entends la voix de tes enfans.
LE CHŒUR.
A tes fiers ennemis arrache la victoire!
Entends la voix de tes enfans!

AIR.
UN CORYPHÉE.
O vous, qui portez les tempêtes!
Affreux cortège des hivers!

Noirs aquilons ! fuyez et respectez nos fêtes !
Un regard d'Apollon vient de calmer les airs.

LE CHŒUR.

O vous, qui portez , &c.

RÉCITATIF.

UN CORYPHÉE.

Mais c'est lui-même qui m'inspire !
Nature ! éveille-toi ! que tout ce qui respire
Célebre ses feux créateurs !
Que les vents, les ruisseaux, les bois couverts de fleurs
Unissent leurs concets aux accords de ma lyre !

TRIO.

Il donne aux roses leur couleur ;
Il paroît, et l'orage expire.
Il vient comme un Dieu bienfaiteur,
Et tout renaît sous son empire.

CHŒUR.

O vous, qui portez les tempêtes !
Affreux cortège des hivers !
Noirs aquilons ! fuyez et respectez nos fêtes !
Un regard d'Apollon vient de calmer les airs.

DE L'IMPRIMERIE DE L. F. PRAULT,
Imprimeur du Roi, quai des Augustins.

www.ingramcontent.com/pod-product-compliance
Lightning Source LLC
Chambersburg PA
CBHW050646070726
47597CB00010B/4251